LE
Château de Coucy

APERÇU HISTORIQUE
DESCRIPTION
NOTES DE DROIT FÉODAL

PAR

Antoine COLIN

MDCCCCX

LE
Château de Coucy

APERÇU HISTORIQUE
DESCRIPTION
NOTES DE DROIT FÉODAL

PAR

Antoine COLIN

MDCCCCX

VUE GÉNÉRALE DES RUINES

NDP hot.

APERÇU HISTORIQUE

Le Château de Coucy n'a jamais été, comme l'ont prétendu certains profanes de l'histoire féodale, la demeure paisible et simplement confortable d'une lignée de privilégiés de la vieille France. Ce n'est pas qu'il soit nécessaire, pour arrêter son sentiment sur la nature des ruines actuelles du château, de fouiller avec méthode les archives nationales, mais à la première vue les esprits les moins exercés peuvent dégager la raison d'être de ces constructions immenses et compliquées que la haine et la trahison, déjouant la force, ont réduites à l'état de vestiges d'une forteresse incomparable et prodigieusement conçue. Il suffit donc de se transporter sur les lieux pour apercevoir ce qu'était l'antique château de Coucy que nous n'entreprendrons point d'ailleurs de décrire dans les moindres détails, un projet d'une telle envergure devant inévitablement déborder le cadre de cette étude, mais dont nous essaierons, pour les visiteurs déjà renseignés par les yeux, de reconstituer succinctement, par le groupement rationnel des rares éléments encore à notre portée, l'historique et la distribution primitive.

Dominant les fertiles vallées de l'Oise et de l'Ailette, à l'extrémité d'un haut et large plateau irrégulièrement découpé, auxiliaire puissant offert par la configuration du sol, la forteresse de Coucy, géante, majestueuse, se dresse, invulnérable, sur les terres des anciens maîtres. Au nord et au nord-est s'étendaient les forêts de Coucy et de Saint-Gobain ; au sud et au sud-ouest, des marécages aujourd'hui desséchés où s'élèvent les villages d'Auffrique et Nogent.

Aucune affirmation ne saurait être formulée sur les débuts de la construction du château. On trouve bien encore à la Porte de Laon des restes caractéristiques de l'époque mérovingienne, qui laisseraient supposer avec leurs murs de quinze mètres d'épaisseur que Clovis s'y serait abrité en l'an 486 contre les attaques des Romains. Les fondements de la chapelle romane sise près de la maison du gardien indiquent également que la pose de la première pierre remonte à une date très reculée. Mais à chaque phase de l'investigation, la précision nous échappe. Nous pouvons tout au plus affirmer que ces restes de chapelle sont d'une époque intermédiaire entre le xe et le xiiie siècle. Un point certain, c'est qu'au commencement du xe, pour résister aux cruelles incursions des Normands, une forteresse fut bâtie par l'archevêque de Reims. Cette première construction, plus ou moins saccagée, n'a jamais été entièrement détruite, comme l'attestent des vestiges nombreux et importants.

Sous le règne de Louis le Gros, les exactions de Thomas de Marle, alors sire de Coucy, rendirent ce noble odieux à ses vassaux, dont les plaintes réitérées en haut lieu amenèrent le roi à sévir. Louis VI prit le parti de juger lui-même le seigneur, qui s'était résolument dérobé à la sanction de ses pairs. Thomas de Marle fut d'abord condamné à une forte amende destinée à l'établissement d'un couvent à Paris, puis envoyé aux Croisades d'où il n'est plus revenu. C'est pendant son absence que le château fut mis à sac et en partie démantelé après une reddition mettant fin à un siège de cent vingt jours.

Vers l'an 1225, *Enguerrand III*, le plus illustre des sires de Coucy, reconstruisit sur ses bases primitives la formidable forteresse dont nous admirons encore la structure grandiose.

Ce second château, recousu de toutes pièces, devint le boulevard redoutable de l'ambition d'Enguerrand. Pendant la minorité de Saint-Louis, la noblesse avait désigné Enguerrand, en lutte continuelle avec les seigneurs voisins et aussi contre le pouvoir royal, pour s'emparer de la couronne de France. Blanche de Castille, informée de la conspiration, vint à Coucy en vue d'obtenir audience du seigneur. L'entretien, dit-on, dura toute une nuit dans un des salons du château, la Salle des Preuses. En femme habile, la reine Blanche réussit à diviser les conspirateurs, événement qui eut pour conséquence la mort d'Enguerrand dans un combat fameux.

Ses successeurs jouèrent un rôle plus effacé. Le dernier des sires de Coucy fut tué à la bataille de Nicopolis, en 1396.

En 1398, le domaine tomba dans le patrimoine d'un prince du sang, Louis d'Orléans, assassiné par Jean *sans peur*, son oncle, au cours d'une querelle née de leur prétention réciproque à la régence, durant la démence du roi Charles VI.

Le dernier propriétaire ayant habité le château est Gaston d'Orléans, frère de Louis XIII, qui prit part à tous les complots contre Richelieu, et fut nommé lieutenant général du royaume en 1643

En 1652, sous la Fronde, lors de la   lutte de Mazarin contre les grands, le château de Coucy subit de profondes atteintes. L'ingénieur Metezeau fut chargé de le détruire, (triste besogne, bien différente de celle de son père qui s'était rendu célèbre par la construction de la digue de La Rochelle). Il essaya par trente tonneaux de poudre de démolir le donjon. Les trois voûtes intérieures sautèrent, mais la carcasse de cette masse colossale ne fut que lézardée. Indépendamment du do njon, toutes les tours d'angle furent découronnées, et des traces de mines subsistent un peu partout.

Non content de cet exploit, Mazarin, impuissant à anéantir la forteresse, chercha des démolisseurs. Il en fit don à l'Hospice de Coucy, qui vendit tout le reste du château et, pendant deux cents ans, céda jusqu'aux pierres à tout venant en quête de matériaux de construction. Il n'est pas de maison dans Coucy qui ne compte son lot de pierres de la citadelle outragée.

En 1829, le futur roi des Français, Louis-Philippe, l'acheta à ce même hospice pour la somme dérisoire de 6.000 francs. En 1848, les ruines devinrent bien communal. Huit ans après, en 1856, la direction des Beaux-Arts s'en rendit acquéreur et le château de Coucy passa dans le domaine privé de l'Etat.

Depuis cette époque, quantité de travaux de déblaiement et de réfection furent entrepris pour conserver aux touristes ce but d'intéressante excursion qui permet d'étudier de très près les richesses du moyen âge.

La forteresse comprend trois enceintes successives et non concentriques, contrairement à la disposition traditionnelle des châteaux féodaux. Le plateau, en forme de corne, obligea l'architecte à en épouser le contour. Les constructions de défense couvrent une superficie d'environ trois hectares, soit l'étendue du bourg de Coucy.

DISPOSITION GÉNÉRALE DU CHATEAU DE COUCY

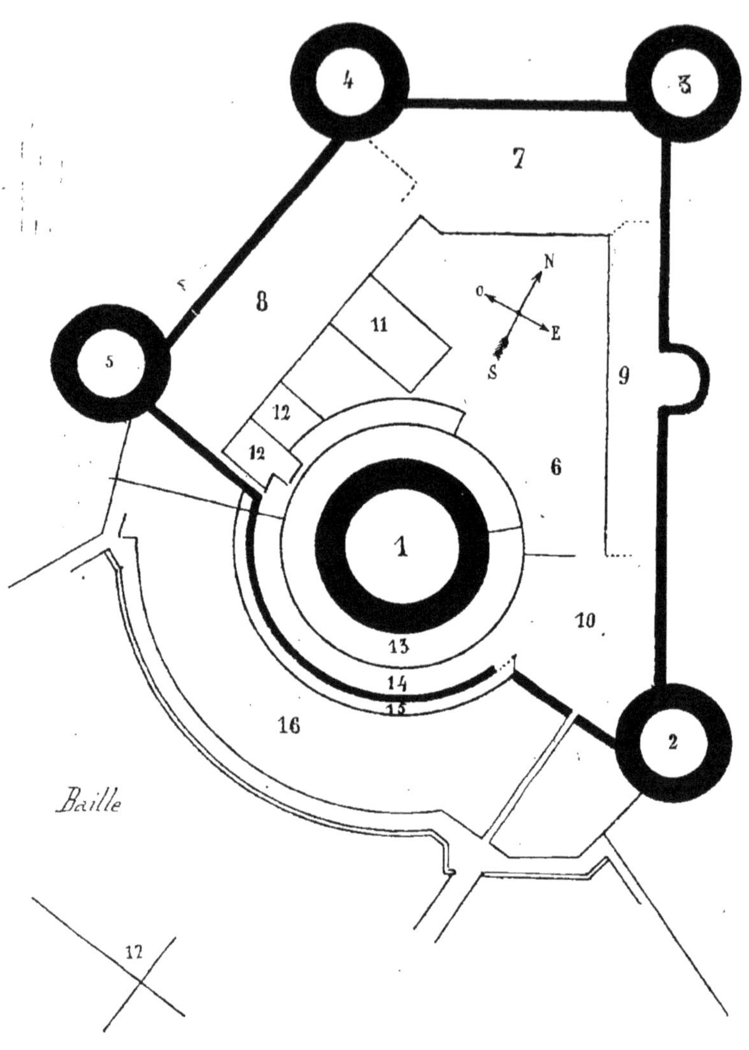

1 _ DONJON
2 3 4 5 _ TOURS
6 _ COUR INTERIEURE
7 _ FACADE
8 _ SALLE de JUSTICE
9 _ REMPART aux casemates
10 _ VOUTES et APPARTEMENTS
11 _ CHAPELLE
12 _ CUISINES
13 _ FOSSE
14 _ CHEMISE
15 _ GALERIE
16 _ FOSSE EXTERIEUR
17 _ CHAPELLE ROMANE

PREMIÈRE ENCEINTE

Pour pénétrer dans la forteresse de Coucy, force était de franchir l'une des trois portes principales extérieures commandant respectivement les routes de Laon, Soissons et Chauny. On s'en rend compte si l'on parcourt les remparts qui enserrent le village et forment une première enceinte.

La Porte de Laon, la plus importante de par sa situation et sa construction, mérite qu'on s'y arrête. Elle défend la longue et vaste pente du plateau et constitue, à elle seule, dans sa forme quadrangulaire, un véritable fort. L'accès de cette porte demeurait interdit par une savante conception de défense permettant d'opposer aux assaillants une résistance exceptionnelle.

A l'attaque de la porte, l'ennemi devait franchir deux énormes fossés sectionnant le devers du plateau. La tâche n'apparaissait certes pas aisée. L'entrée, encadrée de deux tours de front et flanquée de deux tours d'angle battant les fossés, semble imprenable si l'on songe encore aux souterrains servant de magasins d'approvisionnement et défendus par des créneaux visant les fossés et les flancs. En dépit de ces dangereux obstacles, serait-on parvenu au seuil de l'entrée, que les mâchicoulis et les herses eussent eu bien vite raison de l'assaillant.

De nos jours, un chemin de ronde de tracé moderne fait le tour de ces fortifications.

DEUXIÈME ENCEINTE

Maître de la position, l'ennemi n'était qu'au premier pas de sa course. Une seconde enceinte, appelée *baille*, constituait une protection de réserve inattendue.

Les deux premières enceintes étaient flanquées de vingt et une tours, encore toutes visibles. Dans la baille se tenait ordinairement la garnison. Celle-ci, en temps de paix, atteignait un effectif de 5oo hommes commandés par 5o chevaliers.

A droite et à gauche de l'unique passage, la Porte Maître-Odon, se trouvaient deux corps de garde communiquant avec les tours de flanquement.

Ce passage sert aujourd'hui d'entrée aux visiteurs, et une magnifique allée bordée d'arbres séculaires conduit à la troisième enceinte, au château proprement dit.

Chemin faisant, on y peut remarquer, près de l'habitation du garde, les restes de la chapelle romane, mentionnée dans nos préliminaires.

Notons aussi que dans la baille, côté ouest, une large terrasse, ouverte en haut de l'escarpement, découvre un panorama splendide et permet, par un temps clair, de voir à une distance de trente kilomètres.

Et cependant, cette vue panoramique est à celle prise de la plate-forme du donjon, ce que fut un vilain à un comte de Champagne.

TROISIÈME ENCEINTE

Nous voici au château, et l'on pourrait croire qu'arrivés là, il restait aux combattants la joie de contempler leurs lauriers. Vaine illusion !... L'opération n'est encore qu'à son début.

Un fossé de vingt mètres de large sépare le château de la baille. Pour le franchir, il fallait passer sur trois ponts-levis à deux tabliers, chaque tablier formant porte. Au total six portes. Ces ponts étaient reliés par des piliers doubles munis de herses, ce qui augmentait de deux le nombre des portes sur le fossé. Puis on arrivait au mur d'enceinte. A l'entrée, dans l'épaisseur du mur, quatre portes successives dont trois herses établissaient une souricière au passage. Voici l'idée : la première et la troisième herse étaient abaissées jusqu'à environ un mètre du sol, tandis que la seconde entièrement dissimulée restait soulevée. L'ennemi, soupçonnant une fausse manœuvre, cherchait à pénétrer dans l'enceinte par surprise, et, une fois le nombre des assiégeants jugé suffisant par le défenseur, la seconde herse, formant clef, tombait inopinément et divisait l'ennemi en deux fractions de troupe immobilisée. Au dehors, la lutte continuait. Au-dessus, un poste à deux étages observait l'entrée des ponts et servait de chambre pour la manœuvre des herses. A niveau des ponts, trois voûtes parallèles se prolongeaient jusques et en face la porte du donjon. Là, on pénètre dans la cour intérieure. Sur ces trois voûtes, deux étages d'appartements appuyés contre le poste d'observation étaient affectés au Commandant d'armes. Masqué par les voûtes, un corps de garde donnait accès à la tour d'angle est.

Le périmètre du château était défendu par quatre tours d'angle, toutes habitées et possédant chacune cinq étages. Elles présentent sensiblement les mêmes dispositions : au sous-sol, servant de magasin et de prison, une cave pénale avec cul-de-basse-fosse. « Grâce à la Révolution, dit Victor Hugo, nous entendons prononcer ces mots-là avec indifférence ». Au rez-de-chaussée, une pièce assez spacieuse utilisée comme salle d'armes. Ensuite, les étages supérieurs aménagés en appartements pour les chevaliers. Le tout couronné par une plate-forme recouverte d'une toiture en poivrière formant combles.

L'entrée de ces tours, au rez-de-chaussée, pouvait être obstruée par une double porte. Chaque tour possède une quantité à peu près égale de meurtrières et de corbeaux de pierre.

Le long du rempart nord-est, et adossée à lui, une série de casemates abritait les hommes d'armes chargés de la défense de la courtine couronnant ce rempart. La courtine était recouverte d'un glacis en pierre de taille dont on aperçoit encore les amorces.

A gauche de l'entrée se trouve la *chemise* du donjon, le protégeant du côté de la baille par une escarpe élevée, et séparée de lui par un fossé circulaire profond de huit mètres et large de six, jadis dallé au fond. Surmonté de la chemise, laquelle était elle-même couronnée d'un chemin de ronde recouvert, le fossé, du haut de cette enceinte protectrice, atteignait une profondeur de vingt-cinq mètres, le tout maçonné jusqu'en bas. On montait de la cour au chemin de ronde de la chemise par une rampe tournant au sud-ouest.

La cour intérieure, relativement petite, présentait l'aspect d'un triangle avec la base à la façade du château et le sommet à la porte d'entrée. Le château, d'ailleurs, fut édifié sur une surface exiguë, à l'extrémité du plateau, ses murs surplombant la vallée de l'Ailette.

Le rez-de-chaussée contenait un vaste cellier d'approvisionnement, des écuries et des remises.

Les sous-sols se composaient d'une immense cave voûtée, partagée en deux galeries parallèles, avec deux issues souterraines destinées, en cas d'invasion, à faire sortir une partie de la garnison pour aller surprendre l'assiégeant par derrière.

Au premier étage, relié à des bâtiments voisins de l'extrémité occidentale de l'escarpe de la chemise, un long et vaste prétoire, appelé *Salle de Justice*, prenait jour à l'ouest par deux larges baies rectangulaires, laissant entre elles deux gigantesques cheminées, et au sud par une grande verrière ouvrant le fond de la nef en voûte d'ogives.

En 1400, la Salle de Justice fut transformée par Louis d'Orléans et appelée Salle des Preux. On y distinguait dans des niches superbes les statues des neuf *Preux*. Quatre de ces niches,

de pur style flamboyant, apparaissent encore, ainsi qu'une tri-
bune surélevée à laquelle on accédait par un élégant escalier
surmonté d'un dôme.

Une tour, appelée communément Tour du Diable, à cause du
gibet qui y était installé, sépare ce corps de bâtiment de la façade
du château, magnifique construction, admirablement située, où
reposent les appartements du Maître.

Au premier étage de la façade, on remarque l'emplacement d'un
salon et de chambres à coucher, le tout desservi par un escalier
enchâssé dans l'angle sud-ouest.

Le salon fut transformé par Louis d'Orléans et devint la Salle
des Preuses.

Contigu au salon, dans l'épaisseur des murs et éclairé par une
large fenêtre prenant jour sur la campagne, dans les directions
de Chauny et de Noyon, un boudoir préexistant au remaniement
du château subit à son tour de notables modifications depuis le
début du xve siècle.

Louis d'Orléans fit ériger au second étage un oratoire.

Une solide charpente revêtue de fortes ardoises formait toit.

Opposée à la Tour du Diable, de l'autre côté des appartements
du seigneur, une troisième tour d'angle complétait la façade.
Lorsque le château fut acquis par Louis d'Orléans, le prince
réserva les étages supérieurs de cette tour comme pied-à-terre du
roi de France. De là l'appellation de Tour du Roy.

Au sous-sol, une cave avec cul-de-basse-fosse servait de salle de
discipline pour les hommes d'armes.

En traversant diagonalement l'enceinte, nous parvenons à la
quatrième tour d'angle, reliée à la chemise du donjon par un
rempart avec courtine flanquant le grand fossé extérieur. La courtine de ce rempart, juste au-dessous de la verrière de la Salle des
Preux, facilitait éventuellement une fuite secrète. On avait accès
à la quatrième tour par un vaste escalier en colimaçon pris aux
dépens des murs.

Perpendiculairement à la Salle de Justice, et y communiquant
de plain-pied au premier étage, la chapelle, dont il reste peu de
traces, était orientée de telle façon que l'abside se trouvait, face
à l'est, dans le prolongement d'une ligne imaginaire coupant la
direction nord-sud au milieu du château et décrivant avec elle
en deçà de l'intersection un angle nord-ouest d'environ quatre-
vingt-cinq degrés.

La chapelle possédait une crypte formée par deux voûtes parallèles. L'examen des soubassements et des quelques débris de

chapiteaux existant encore laisse deviner à l'archéologue combien pouvait être belle cette chapelle du vieux Château de Coucy.

Entre la chapelle et le grand fossé extérieur, des bâtiments dont nous avons incidemment fait mention contenaient les cuisines et étaient séparés de la chapelle par une petite cour munie d'un corps de garde.

C'est au-dessus des cuisines, dit-on, que logeaient les gens de service.

N D Photo.

LA FAÇADE VUE DE LA COUR INTÉRIEURE

QUATRIÈME ENCEINTE

Nous terminons par l'étude de la partie la plus imposante du château, le Donjon.

« Ce donjon, dit Viollet-le-Duc, est la plus belle construction militaire du moyen-âge qui existe en Europe. Auprès de ce géant, les plus grosses tours connues ne sont que des fuseaux. »

C'est en effet, dans le château, l'enceinte la mieux soignée, servant à la fois de pivot central à la défense et de réduit. Modèle de hardiesse et de génie, c'est une œuvre perpétuelle, inaccessible aux ravages du temps. Nous y découvrons une organisation de premier ordre quant à la sécurité et l'approvisionnement.

Le donjon, d'une hauteur de 64 mètres et d'une circonférence de 100 mètres à la base, présente des murs de 7 m. 50 d'épaisseur.

On conçoit qu'un tel ouvrage constituât au moyen âge, si l'on tient compte de l'armement de l'époque, une barrière infranchissable dont l'attaque devenait terriblement scabreuse. Pour l'ennemi, au pied de cet édifice, c'était l'anxieuse alternative de reculer et renoncer aux avantages conquis dans le combat d'approche ou de courir sus et perdre la vie. Pas de milieu, et, sans conteste, pour des guerriers décidés à vaincre ou mourir, le fossé du donjon était le tombeau.

A l'art défensif, au machinisme savant et compliqué que nous allons passer en revue, l'immense bâtisse ajoutait dans son ensemble, les accumulant et les confondant, des chefs-d'œuvre d'architecture et de sculpture. L'infaillible défi jeté à la face de toutes armées ne semblait pas suffire aux fiers seigneurs de l'endroit. Le côté tactique était un premier objectif auquel ils joignaient l'élégance des formes. Fidèles au principe ancestral, ils mêlèrent à tous les âges, les maintenant dans une sphère immuable, la race, le nom, le titre, la force, le geste, l'esthétique. La réunion des distinctions, des traditions et des richesses sur la tête de l'aîné, chaîne de joyaux dont il se pare, tel est ce principe que le fils reçoit du père en recueillant l'héritage, à charge de ne s'en départir jamais.

Qu'on se remémore leur devise :

ROY NE SUYS, NE PRINCE, NE DUC, NE COMTE AUSSY ; JE SUYS LE SIRE DE COUCY.

Il était certes loisible aux Enguerrands de parler de la sorte, au sein d'une résidence comme celle que nous avons entrepris de décrire. Mais pour posséder la notion exacte de la puissance militaire du lieu, il convient de suivre attentivement la description et l'explication des défenses combinées de la quatrième enceinte.

Le donjon, comme nous l'avons précédemment fait observer, se trouve isolé par un fossé circulaire dont les terres sont retenues par un ouvrage en pierre, appelé chemise, surélevé du côté de la baille.

La chemise du donjon, à sa base, compte environ six mètres d'épaisseur, soit une distance égale à la largeur du fossé.

Vers le XIVe siècle, on construisit un revêtement en demi-voûte et en demi-lune.

Cette galerie de contre-escarpe, qui mesure 3 m. 50 d'épaisseur, vient de la porte d'entrée du château et se prolonge, en suivant la circonférence de la chemise, jusqu'au rempart qui relie la chemise à la quatrième tour. De ce côté, partant de la galerie de contre-escarpe et pris dans l'épaisseur de la chemise, un escalier conduisait à la hauteur du premier étage du donjon où un passage pratiqué dans ses murs et muni d'un pont à bascule réservait une communication secrète entre le donjon et la galerie. L'escalier était clos en haut et en bas par des portes ferrées.

Un couloir passant au pied de l'escalier donnait entrée dans le fossé du donjon. Au milieu du couloir, une herse et deux portes établissaient une souricière.

Dans la galerie de contre-escarpe, un puits alimenté par une source non encore tarie assurait le service des cuisines. Ce puits, dissimulé par un pont mobile en bois, partageait la galerie en deux parties et formait, le pont levé, une autre souricière, le pont détruit, une limite infranchissable dans l'obscurité.

De sorte que l'ennemi, engagé dans la galerie de contre-escarpe, ne devait plus en sortir. Du moins, si, après lui avoir coupé la retraite, le défenseur le laisse accéder au fossé de la quatrième enceinte, c'est pour l'assiégeant une mort certaine substituée à la captivité, la grêle de projectiles lancés du faîte du donjon devenant le dénouement fatal de cette subtile manœuvre.

Mais un tel coup de filet n'a fort probablement jamais eu lieu. On admet difficilement que des assiégeants se soient risqués dans de semblables aventures.

Par contre, on est d'accord pour voir dans la galerie souterraine un obstacle aux travaux des mineurs.

Il ressort de notre description des abords du donjon que la dernière organisation de défense dont nous venons de parler appartenait plutôt à la troisième enceinte. Cela est exact si l'on s'attache à l'emplacement. Mais il ne faut point perdre de vue le rapport étroit des fortifications méridionales de la troisième enceinte et du donjon. Le donjon commandait la baille, et l'attaque du château proprement dit ne s'effectuait normalement que sous les coups simultanés des défenseurs des troisième et quatrième enceintes. On se souvient aussi que par voie de communication secrète les soldats des deux enceintes pouvaient user d'une faculté de renfort ou de retraite. En tout état de cause, l'entrée du donjon, au rez-de-chaussée, demeurait la communication ordinaire et permanente. Disons-le, si étroitement liés dans l'action, le donjon et la troisième enceinte ressemblaient à ces camarades de combat de l'infanterie moderne, tirailleurs doubles qui ne font plus qu'un sous le feu de l'ennemi.

Ainsi n'avons-nous pas été trop enclins à scinder radicalement l'une et l'autre enceinte. Notre division éclaire le plan, mais au point de vue exclusif de la défense, elle s'efface nécessairement pour rendre hommage au donjon, qui est comme un noyau, un abri salutaire, une ultime réserve.

L'entrée du donjon, pratiquée au nord-est, dans l'enceinte, ne pouvait être franchie qu'en traversant le fossé circulaire. Pour cela, il fallait passer dans l'épaisseur de la chemise par une porte, franchir le fossé sur un pont-levis à deux tabliers s'abaissant de chaque côté et découvrant deux issues : un passage dans la chemise et l'entrée du donjon.

Ce pont à double tablier s'appuyait sur une pile isolée, dont on retrouve, au milieu du fossé, les premières assises.

Dans le couloir de l'entrée, une herse, faisant contrepoids au pont-levis, se manœuvrait dans une petite salle située immédiatement au-dessus. Le battant de la porte fonctionnait normalement derrière la herse. Au bout du couloir, une grille de fer fermait la salle du rez-de-chaussée. En supposant la herse et le vantail franchis, l'envahisseur était incapable d'aller plus loin en forçant la grille, car à cette place, à travers l'intervalle des barreaux, il offrait une cible humaine aux nombreux défenseurs de la salle.

En résumé, cinq fermetures protégeaient l'entrée du donjon.

De l'entrée, un escalier à vis dessert toute la tour.

L'intérieur est d'une facture des plus remarquables. Trois belles et vastes salles superposées, sur voûte d'ogives à douze pans, s'échelonnent jusques au faîte.

Au rez-de-chaussée, dans chaque pan ogival, des niches formant armoires suffisaient à emmagasiner en cas de siège une grande quantité de provisions de bouche, réserves de grain en majeure partie, le donjon possédant un moulin à bras d'hommes. Construits dans l'épaisseur des murs, une immense cheminée servait de foyer et un puits très profond amenait l'eau de la vallée pour la garnison.

Au premier étage, un four était employé à la cuisson du pain.

Au second étage s'étendait la Salle des Délibérations, laquelle devait recevoir toute la garnison lorsque le seigneur dictait les ordres. A cette fin, une galerie circulaire prise aux dépens des murs, large de cinq mètres et garnie de balcons de bois, s'élevait de trois mètres au-dessus de la voûte du premier étage.

La galerie allégeait considérablement le couronnement du donjon. L'idée de l'architecte s'explique en tenant compte de la hauteur, qui mettait la partie supérieure à l'abri des coups du dehors.

Le donjon se terminait par un toit recouvert de plomb et légèrement convexe pour faciliter l'écoulement des eaux pluviales, forme empruntée à la voûte du second étage. Une citerne y recueillait ces eaux, en sorte que le donjon était approvisionné en haut par la citerne, en bas par le puits.

Trois œils centraux laissaient à l'intérieur passer un monte-charge distributeur de provisions et munitions pour chaque étage.

Un mur, haut de 7 mètres, épais de 1 m. 80, couronne la partie supérieure. Entre ce mur et la circonférence du toit plombé, une partie circulaire plane, large de la différence de l'épaisseur des murs inférieurs, permettait d'évoluer. Le mur supporte une superbe corniche en saillie dessinant un chemin de ronde, large de 3 m. 20, autrefois recouvert d'un glacis en pierre de taille et où se tenaient les guetteurs. Percé de 24 baies et de 24 meurtrières, entouré en contre-bas d'une ligne de corbeaux de pierre destinés à l'installation de mâchicoulis, ce mur faisait de la cime de la quatrième enceinte un poste d'observation merveilleux et une incomparable place de combat.

Louis d'Orléans, dans un esprit de raffinement, surmonta le glacis de 4 pinacles ornés d'épis ducaux. Ce glacis et ces pinacles n'existent plus aujourd'hui. Seuls quelques vestiges épars en peuvent encore être examinés au Musée du château.

LE DONJON, L'ENTRÉE ET LA TOUR DU MUSÉE

APPENDICE

La description achevée, nous entreprenons d'évoquer certains souvenirs qui viennent à leur place.

Du xᵉ au xvⁱᵉ siècle, la France traverse, au point de vue du droit, la période féodale et coutumière, œuvre de Hugues Capet, régime de la justice individuelle et des guerres privées. Deux traits essentiels caractérisent le régime féodal : le morcellement de la souveraineté au profit des seigneurs et la hiérarchisation corrélative des personnes et des terres.

La France est divisée en un grand nombre de seigneuries, subdivisées à leur tour en une infinité de seigneuries dépendantes. Chaque seigneurie forme un état dans l'Etat. Le seigneur, souverain et haut justicier, exerce en son domaine des droits régaliens : il dicte la loi, il rend la justice, il bat monnaie, il lève les impôts, il fait la guerre. La France est assimilable à une confédération d'états ayant à sa tête le Roi. Le roi jouit bien d'une autorité absolue, mais il n'en a que l'exercice très restreint ; les attributs de la souveraineté ne lui sont entièrement réservés que sur le duché de France, où il a conservé la haute justice. Il est, lui aussi, un seigneur féodal.

Le système de la hiérarchisation des personnes est celui-ci : tout homme libre est rattaché par un lien de vassalité à un seigneur ; d'où il résulte pour le vassal à l'égard du seigneur, son protecteur et maître, des obligations personnelles de service de guerre, de cour, de conseil, d'aides. Ce seigneur, qui a d'autres vassaux, devient le centre d'un groupement féodal. Lui-même peut être le vassal d'un seigneur plus puissant, lequel se rattache également à un seigneur plus élevé, celui-ci à un autre et ainsi jusqu'au roi, suzerain de tous les seigneurs, et dernier échelon.

A la hiérarchisation des personnes correspond la hiérarchisation des terres. Par le contrat de foi et d'hommage, le vassal obtient la concession d'un fief. Le seigneur garde sur ce territoire le domaine éminent et n'en aliène que le domaine utile. La terre ainsi concédée a été détachée d'un territoire plus considérable que le seigneur concédant tient lui-même d'un seigneur supérieur, et ainsi de suite on peut remonter l'échelle jusqu'aux francs alleux royaux, exempts de toute redevance et ne relevant de personne.

Cet état de choses, qu'on oserait timidement rapprocher de la *tutelle administrative* de l'an VIII, reposait sur un principe fondamental : chaque suzerain n'a de droits qu'à l'égard de son vassal immédiat.

L'on conçoit que, sous un tel régime, le pouvoir de rendre la justice prenait des proportions démesurées à chaque degré de la hiérarchisation. Tout justiciable devait subir sans recours la loi du maître. Le roi, bien que suprême gardien de la paix publique, n'était pas même à proprement parler investi d'une juridiction gracieuse. Sans doute son avis prévalait quelquefois, mais son rôle se bornait à celui d'un médiateur entre seigneurs rivaux. Le roi de France n'avait de pouvoir propre que vis-à-vis des plus puissants seigneurs, ses vassaux directs.

Dans chaque fief, nous trouvons donc le seigneur législateur, juge, généralissime. La législation seigneuriale, fort rudimentaire, est une réglementation régionale non codifiée, maintenue par la tradition. Le jugement, on l'obtient sans encombre : c'est l'action d'office, dénuée de toute procédure, sans défense, sans contradiction; méthode inquisitoire jusqu'à la fin de l'instance. Le seigneur instruit, préside, apprécie, statue. Pas de meilleure place pour l'arbitraire, l'injustice et l'iniquité. A ses mauvais penchants et ses mœurs farouches le petit potentat pouvait donner libre carrière.

Nous disions qu'il n'y avait point de voie de recours. On en doit cependant citer une : l'*appel de défaute de droit*. Autant vaudrait ne pas en parler, c'était un recours pour déni de justice. Il y a bien l'*appel de faux jugement*, mais ce recours est réservé aux nobles, et se porte devant le seigneur immédiatement au-dessus du seigneur compétent.

En matière judiciaire, il s'agit le plus souvent de compétence territoriale. Le titulaire d'une tenure noble connaît des affaires civiles et criminelles dans toute l'étendue de sa seigneurie.

Le droit de punir repose sur l'idée de vengeance privée. L'exemplarité de la peine n'existe pas encore à l'état de principe. Elle n'est qu'un *modus*, le corollaire de l'exécution.

La peine atteint d'ailleurs des proportions qui ne s'équilibrent pas avec l'infraction. Ainsi, le vol peut être puni de mort, eu égard à la qualité de la personne lésée.

L'on se représente l'effrayant huis clos de la belle Salle de Justice du Château de Coucy. D'un côté, figurant en grande pompe, le tribunal seigneurial, de l'autre, tremblant et terrifié, le pauvre hère, accusé du plus atroce des crimes : *avoir volé dans le potager du Maître un légume sacré.* Il va entendre, le misérable roturier, prononcer la sentence qui le condamne et en vertu de laquelle deux hideux geôliers, mercenaires endurcis, vont l'incarcérer dans un cachot puant et de là le traîner, après mainte bastonnade, exténué et râlant, au supplice du gibet.

Ce côté de l'ancien régime n'avait, nous le savons tous, rien de favorable aux humbles. Toutefois, si nous reconnaissons que les principes de quatre-vingt-neuf ont considérablement amélioré le sort des classes pauvres, on doit accorder que la noblesse ne se composait point exclusivement d'oppresseurs. Il y avait aussi de braves gens, — tels les seigneurs du Bourbonnais, — dont les subordonnés furent très heureux. L'histoire impartiale nous apprend que l'ancien régime, à défaut du bien-être de la masse populaire, a valu à la France une gloire et un idéal d'honneur d'où n'ont pu que s'inspirer les plus valeureux soldats de l'époque contemporaine. Si nous lisons l'excellent ouvrage du général Hardy de Perini : *Les Batailles Françaises,* nous sommes sur ce point surabondamment édifiés.

Ce n'est pas tout. La constitution monarchique avant 1789 ne procédait pas uniquement d'un esprit de favoritisme et de tyrannie. Si l'on veut apprécier avec justice la société d'alors, il est de règle de ne pas s'appesantir sur ses seuls travers et de jeter un regard équitable sur l'ensemble de l'institution. Une investigation courtoise et raisonnée nous mettra sur la voie et ne nous fera découvrir rien moins que la charpente de l'édifice social moderne.

Il faut bien le dire, les révolutionnaires de l'avant-dernier siècle ont à outrance remanié, amendé, légiféré en vue de besoins nouveaux, mais ils ont martelé ce que la raison aurait pu réformer à elle seule.

Prenons plutôt la vieille France dès avant la féodalité et parcourons-en l'histoire jusqu'aux derniers Etats Généraux ; ne constatons-nous pas qu'elle progresse, se centralise, se simplifie, évolue en un mot sous l'empire de la civilisation ? Pourquoi ne l'avoir pas laissée parfaire son œuvre ?

A distance, et à en juger par les résultats, la déviation brusque provoquée par les sanglants événements de la fin du XVIIIe siècle ne s'impose point comme une inéluctable nécessité. Et sans doute faudra-t-il encore beaucoup de temps pour qu'à travers de multiples expériences dans l'ordre politique aussi bien que dans l'ordre économique, notre pays puisse enfin se ressaisir et recueillir, de manière durable, le bénéfice de ce qu'il y eut, malgré tout, de généreux et de fécond dans les principes de la Révolution Française.